This journal belongs to :

_____

Name

Site address

Login / username

password

notes

Name

Site address

Login / username

password

notes

Name

Site address

Login / username

password

notes

Name

Site address

Login / username

password

notes

Name

Site address

Login / username

password

notes

Name

Site address

Login / username

password

notes

Name

Site address

Login / username

password

notes

Name

Site address

Login / username

password

notes

Name

Site address

Login / username

password

notes

Name

Site address

Login / username

password

notes

Name

Site address

Login / username

password

notes

Name

Site address

Login / username

password

notes

Name

Site address

Login / username

password

notes

Name

Site address

Login / username

password

notes

Name

Site address

Login / username

password

notes

Name
_____

Site address
_____

Login / username
_____

password
_____

notes
_____

Name
_____

Site address
_____

Login / username
_____

password
_____

notes
_____

Name
_____

Site address
_____

Login / username
_____

password
_____

notes
_____

Name

Site address

Login / username

password

notes

Name

Site address

Login / username

password

notes

Name

Site address

Login / username

password

notes

Name

Site address

Login / username

password

notes

Name

Site address

Login / username

password

notes

Name

Site address

Login / username

password

notes

Name

Site address

Login / username

password

notes

Name

Site address

Login / username

password

notes

Name

Site address

Login / username

password

notes

Name

Site address

Login / username

password

notes

Name

Site address

Login / username

password

notes

Name

Site address

Login / username

password

notes

Name

Site address

Login / username

password

notes

Name

Site address

Login / username

password

notes

Name

Site address

Login / username

password

notes

Name

Site address

Login / username

password

notes

Name

Site address

Login / username

password

notes

Name

Site address

Login / username

password

notes

Name

Site address

Login / username

password

notes

Name

Site address

Login / username

password

notes

Name

Site address

Login / username

password

notes

Name

Site address

Login / username

password

notes

Name

Site address

Login / username

password

notes

Name

Site address

Login / username

password

notes

Name

Site address

Login / username

password

notes

Name

Site address

Login / username

password

notes

Name

Site address

Login / username

password

notes

Name

Site address

Login / username

password

notes

Name

Site address

Login / username

password

notes

Name

Site address

Login / username

password

notes

Name

Site address

Login / username

password

notes

Name

Site address

Login / username

password

notes

Name

Site address

Login / username

password

notes

Name

Site address

Login / username

password

notes

Name

Site address

Login / username

password

notes

Name

Site address

Login / username

password

notes

Name

Site address

Login / username

password

notes

Name

Site address

Login / username

password

notes

Name

Site address

Login / username

password

notes

Name

Site address

Login / username

password

notes

Name

Site address

Login / username

password

notes

Name

Site address

Login / username

password

notes

Name

Site address

Login / username

password

notes

Name

Site address

Login / username

password

notes

Name

Site address

Login / username

password

notes

Name
_____

Site address
_____

Login / username
_____

password
_____

notes
_____

Name
_____

Site address
_____

Login / username
_____

password
_____

notes
_____

Name
_____

Site address
_____

Login / username
_____

password
_____

notes
_____

Name

Site address

Login / username

password

notes

Name

Site address

Login / username

password

notes

Name

Site address

Login / username

password

notes

Name

Site address

Login / username

password

notes

Name

Site address

Login / username

password

notes

Name

Site address

Login / username

password

notes

Name

Site address

Login / username

password

notes

Name

Site address

Login / username

password

notes

Name

Site address

Login / username

password

notes

Name

Site address

Login / username

password

notes

Name

Site address

Login / username

password

notes

Name

Site address

Login / username

password

notes

Name

Site address

Login / username

password

notes

Name

Site address

Login / username

password

notes

Name

Site address

Login / username

password

notes

Name

Site address

Login / username

password

notes

Name

Site address

Login / username

password

notes

Name

Site address

Login / username

password

notes

Name

Site address

Login / username

password

notes

Name

Site address

Login / username

password

notes

Name

Site address

Login / username

password

notes

Name

Site address

Login / username

password

notes

Name

Site address

Login / username

password

notes

Name

Site address

Login / username

password

notes

Name

Site address

Login / username

password

notes

Name

Site address

Login / username

password

notes

Name

Site address

Login / username

password

notes

Name

Site address

Login / username

password

notes

Name

Site address

Login / username

password

notes

Name

Site address

Login / username

password

notes

Name

Site address

Login / username

password

notes

Name

Site address

Login / username

password

notes

Name

Site address

Login / username

password

notes

Name

Site address

Login / username

password

notes

Name

Site address

Login / username

password

notes

Name

Site address

Login / username

password

notes

Name

Site address

Login / username

password

notes

Name

Site address

Login / username

password

notes

Name

Site address

Login / username

password

notes

Name

Site address

Login / username

password

notes

Name

Site address

Login / username

password

notes

Name

Site address

Login / username

password

notes

Name

Site address

Login / username

password

notes

Name

Site address

Login / username

password

notes

Name

Site address

Login / username

password

notes

Name

Site address

Login / username

password

notes

Name

Site address

Login / username

password

notes

Name

Site address

Login / username

password

notes

Name

Site address

Login / username

password

notes

Name

Site address

Login / username

password

notes

Name

Site address

Login / username

password

notes

Name

Site address

Login / username

password

notes

Name

Site address

Login / username

password

notes

Name

Site address

Login / username

password

notes

Name

Site address

Login / username

password

notes

Name

Site address

Login / username

password

notes

Name

Site address

Login / username

password

notes

Name

Site address

Login / username

password

notes

Name

Site address

Login / username

password

notes

Name

Site address

Login / username

password

notes

Name

Site address

Login / username

password

notes

Name

Site address

Login / username

password

notes

Name

Site address

Login / username

password

notes

Name

Site address

Login / username

password

notes

Name

Site address

Login / username

password

notes

Name

Site address

Login / username

password

notes

Name

Site address

Login / username

password

notes

Name

Site address

Login / username

password

notes

Name

Site address

Login / username

password

notes

Name

Site address

Login / username

password

notes

Name

Site address

Login / username

password

notes

Name

Site address

Login / username

password

notes

Name

Site address

Login / username

password

notes

Name

Site address

Login / username

password

notes

Name

Site address

Login / username

password

notes

Name

Site address

Login / username

password

notes

Name

Site address

Login / username

password

notes

Name

Site address

Login / username

password

notes

Name

Site address

Login / username

password

notes

Name

Site address

Login / username

password

notes

Name

Site address

Login / username

password

notes

Name

Site address

Login / username

password

notes

Name

Site address

Login / username

password

notes

Name

Site address

Login / username

password

notes

Name

Site address

Login / username

password

notes

Name

Site address

Login / username

password

notes

Name

Site address

Login / username

password

notes

Name

Site address

Login / username

password

notes

Name

Site address

Login / username

password

notes

Name

Site address

Login / username

password

notes

Name

Site address

Login / username

password

notes

Name

Site address

Login / username

password

notes

Name

Site address

Login / username

password

notes

Name

Site address

Login / username

password

notes

Name

Site address

Login / username

password

notes

Name

Site address

Login / username

password

notes

Name

Site address

Login / username

password

notes

Name

Site address

Login / username

password

notes

Name

Site address

Login / username

password

notes

Name

Site address

Login / username

password

notes

Name

Site address

Login / username

password

notes

Name

Site address

Login / username

password

notes

Name

Site address

Login / username

password

notes

Name

Site address

Login / username

password

notes

Name

Site address

Login / username

password

notes

Name

Site address

Login / username

password

notes

Name

Site address

Login / username

password

notes

Name

Site address

Login / username

password

notes

Name

Site address

Login / username

password

notes

Name

Site address

Login / username

password

notes

Name

Site address

Login / username

password

notes

Name

Site address

Login / username

password

notes

Name

Site address

Login / username

password

notes

Name

Site address

Login / username

password

notes

Name

Site address

Login / username

password

notes

Name

Site address

Login / username

password

notes

Name

Site address

Login / username

password

notes

Name

Site address

Login / username

password

notes

Name

Site address

Login / username

password

notes

Name

Site address

Login / username

password

notes

Name

Site address

Login / username

password

notes

Name

Site address

Login / username

password

notes

Name

Site address

Login / username

password

notes

Name

Site address

Login / username

password

notes

Name

Site address

Login / username

password

notes

Name

Site address

Login / username

password

notes

Name

Site address

Login / username

password

notes

Name

Site address

Login / username

password

notes

Name

Site address

Login / username

password

notes

Name

Site address

Login / username

password

notes

Name

Site address

Login / username

password

notes

Name

Site address

Login / username

password

notes

Name

Site address

Login / username

password

notes

Name

Site address

Login / username

password

notes

Name

Site address

Login / username

password

notes

Name

Site address

Login / username

password

notes

Name

Site address

Login / username

password

notes

Name

Site address

Login / username

password

notes

Name

Site address

Login / username

password

notes

Name

Site address

Login / username

password

notes

Name

Site address

Login / username

password

notes

Name

Site address

Login / username

password

notes

Name

Site address

Login / username

password

notes

Name

Site address

Login / username

password

notes

Name

Site address

Login / username

password

notes

Name

Site address

Login / username

password

notes

Name

Site address

Login / username

password

notes

Name

Site address

Login / username

password

notes

Name

Site address

Login / username

password

notes

Name

Site address

Login / username

password

notes

Name

Site address

Login / username

password

notes

Name

Site address

Login / username

password

notes

Name

Site address

Login / username

password

notes

Name

Site address

Login / username

password

notes

Name

Site address

Login / username

password

notes

Name

Site address

Login / username

password

notes

Name

Site address

Login / username

password

notes

Name

Site address

Login / username

password

notes

Name

Site address

Login / username

password

notes

Name

Site address

Login / username

password

notes

Name

Site address

Login / username

password

notes

Name

Site address

Login / username

password

notes

Name

Site address

Login / username

password

notes

Name

Site address

Login / username

password

notes

Name

Site address

Login / username

password

notes

Name

Site address

Login / username

password

notes

Name

Site address

Login / username

password

notes

Name

Site address

Login / username

password

notes

Name

Site address

Login / username

password

notes

Name

Site address

Login / username

password

notes

Name

Site address

Login / username

password

notes

Name

Site address

Login / username

password

notes

Name

Site address

Login / username

password

notes

Name

Site address

Login / username

password

notes

Name

Site address

Login / username

password

notes

Name

Site address

Login / username

password

notes

Name

Site address

Login / username

password

notes

Name

Site address

Login / username

password

notes

Name

Site address

Login / username

password

notes

Name

Site address

Login / username

password

notes

Name

Site address

Login / username

password

notes

Name

Site address

Login / username

password

notes

Name

Site address

Login / username

password

notes

Name

Site address

Login / username

password

notes

Name

Site address

Login / username

password

notes

Name

Site address

Login / username

password

notes

Name

Site address

Login / username

password

notes

Name

Site address

Login / username

password

notes

Name

Site address

Login / username

password

notes

Name

Site address

Login / username

password

notes

Name

Site address

Login / username

password

notes

Name

Site address

Login / username

password

notes

Name

Site address

Login / username

password

notes

Name

Site address

Login / username

password

notes

Name

Site address

Login / username

password

notes

Name

Site address

Login / username

password

notes

Name

Site address

Login / username

password

notes

Name

Site address

Login / username

password

notes

Name

Site address

Login / username

password

notes

Name

Site address

Login / username

password

notes

Name

Site address

Login / username

password

notes

Name

Site address

Login / username

password

notes

Name

Site address

Login / username

password

notes

Name

Site address

Login / username

password

notes

Name

Site address

Login / username

password

notes

Name

Site address

Login / username

password

notes

Name

Site address

Login / username

password

notes

Name

Site address

Login / username

password

notes

Name

Site address

Login / username

password

notes

Name

Site address

Login / username

password

notes

Name

Site address

Login / username

password

notes

Name

Site address

Login / username

password

notes

Name

Site address

Login / username

password

notes

Name

Site address

Login / username

password

notes

Name

Site address

Login / username

password

notes

Name

Site address

Login / username

password

notes

Name

Site address

Login / username

password

notes

Name

Site address

Login / username

password

notes

Name

Site address

Login / username

password

notes

Name

Site address

Login / username

password

notes

Name

Site address

Login / username

password

notes

Name

Site address

Login / username

password

notes

Name

Site address

Login / username

password

notes

Name

Site address

Login / username

password

notes

Name

Site address

Login / username

password

notes

Name

Site address

Login / username

password

notes

Name

Site address

Login / username

password

notes

Name

Site address

Login / username

password

notes

Name

Site address

Login / username

password

notes

Name

Site address

Login / username

password

notes

Name

Site address

Login / username

password

notes

Made in United States
Troutdale, OR
03/04/2024

18200482R00056